AF191807

Annegret Kronenberg

Eigentlich sollte es Sommer sein

Gedichte

Annegret Kronenberg wurde 1939 in Gronau/Westfalen geboren.

1997 veröffentlichte sie mit drei anderen Autoren ihre ersten Gedichte in dem Lyrikband: „Blickrichtungen".

Es folgten weitere Veröffentlichungen in verschiedenen Anthologien.

Die meisten ihrer Gedichte sind Momentaufnahmen.

Eine Leserin schrieb über die Autorin: „Sie ist für mich der erste Mensch, der das ausspricht, was ich empfinde und oft empfunden habe".

Juni 2001

Herstellung: Books on Demand GmbH

Printed in Germany ISBN 3-8311-2069-2

Für Hans, Antje, Heiko und Hanns

Inhaltsverzeichnis

Clown	1
Zerbrechlich	2
Du bist es	3
Abschied	4
Nie mehr	5
Die Rechnung geht nicht auf	6
Kostbar	7
Sehnsüchte	8
Die große Liebe	9
Verantworten	10
Nach damals	11
Natur ist stärker	12
Letzte Rose	13
Eine Lebensspanne	14
Auf ein Wort	15
Was blieb	16
Heute	17
Verliebt	18
Maiennacht	19
Verloren	20
Gebranntes Kind	21
Fast noch ein Kind	22
Am Anfang war das Wort	23
Sommer 1997	24
Zur Zeit keine Zeit	25
Laut mußt du sein	26
Sanfter Gegenschlag	27
Alles hat zwei Seiten	28
Dieses Kind	29
Diese Rose	30
Damals	31
Später ist man klüger	32
Schlimme Tage	33

Abgehoben	34
Liebe	35
Zufriedenheit	36
Immer mehr	37
Demut	38
Warnung der Rose	39
Roter Mohn	40
Eigentlich sollte es Sommer sein	41
Narben	42
Neid	43
Spieglein an der Wand	44
Verstehn	45
So eine Liebe gibt's nur einmal	46
Noch einmal	47
Übereifer	48
Glück	49
Alles zu seiner Zeit	50
Vermißt	51
Freude	52
Zu früh	54
Spuren	55
Greueltaten	56
Wind	57
Zu lange	58
Zuhause	59
Die abgelaufene Zeit	60
Kleiner Spatz	61
Du	62
Aus	63
Hunger	64
Arbeitslos	65
Einsam	66
Eiszeit	67
Abschied	68
Eine kleine Träne	69

Erinnerung an 1942   70

Gewalt   71

Krieg   72

Zukunft   73

Irgendwann   74

Neuentdeckung   75

Trösten   76

Erschöpfung   77

Depression   78

Vergebens   79

Trauer   80

Gib's auf   81

Zu spät   82

Nur eine Frau   83

Wolken   84

Frieden   85

Nur ein Knopf   86

Ziel   87

Letzte Rose   88

Gutsein   89

Wie wirst du mir begegnen?   90

Fremder   91

Narben   92

Warum   93

Sinn des Lebens   94

Blüte   95

Sprachlos   96

Sein Kind   97

Da ist ein Baum   98

Herbst   100

Die Hände meiner Mutter   101

Lebensherbst   102

Erste Liebe   103

Goldene Abendsonne   104

Raubritter   105

Absage   106
Momente   107
Leid   108
Maskerade   109
Rückblick   110
Mio Amor   111
Im nächsten Jahr, wenn der Kuckuck schreit   112
Verstand   113
Der große Kuchen   114
Damals   115
Die alte Weide   116
Hoffnung   117
November   118

Clown

Häufig spiele ich den Clown.

Ein Lachen im Gesicht,

ein Späßchen auf den Lippen

und dahinter verbergen sich Tränen,

viele ungeweinte Tränen.

Natürlich ist das nicht fair.

Aber mal ganz ehrlich:

Wer sieht schon gerne Tränen?

Zerbrechlich

Vor Scherben stehen,
noch nicht begreifen können,
es schmerzt und brennt.
Wie zerbrechlich sind doch
Liebe
Glück
Vertrauen.

Du bist es

Eine Rose still verwelkte heut;
sie war doch grad' erst aufgeblüht.
Ihr Dasein hat mich hocherfreut,
ihre Schönheit hat mein Herz erglüht.

Die Menschen all berührt das kaum,
sie war ja nur von vielen eine.
Für mich zerbrach ein Lebenstraum;
denn du bist es, um die ich weine.

Abschied,

immer wieder Abschied,

freiwillig,

unfreiwillig.

auf Zeit,

für immer.

Stets schmerzhaft, qualvoll.

Man sagt: „Die Zeit heilt alle Wunden."

Es gibt jedoch Wunden,

die nie verheilen,

nie aufhören zu brennen.

Nie mehr

Ich habe viel geweint
die letzte Zeit um dich.
Was uns einmal vereint',
zerbrach heute für mich.

Du hast ganz blind zertreten,
was Glück und Freud dir war.
Du sahst nicht mal die Scherben,
da war mir alles klar.

Habe mein Gesicht gesehen,
mein Inneres angeschaut,
wollte nie mehr so dastehen,
das schwor ich mir ganz laut.

Ich werde das Leid verwinden,
weitere Tränen gibt es nicht.
Die Traurigkeit wird schwinden,
weine niemals mehr um dich.

Die Rechnung geht nicht auf

Wer Gefühle

aufrechnen,

ausrechnen,

abrechnen,

berechnen,

hochrechnen will,

hat sich am Schluß

garantiert verrechnet.

Kostbar

Im Herbst des Lebens wird jeder Sonnentag
zum kostbaren Geschenk.
Wir sollten versuchen, pfleglich
mit diesen Kostbarkeiten umzugehen.

Sehnsüchte

Vom Wind lasse ich mich streicheln,

die Bäume umarme ich,

und vom Sonnenschein

werde ich geküßt.

Sind das alles unerfüllte Sehnsüchte?

Die große Liebe

Ich habe sie nicht gesucht,

die große Liebe,

kannte sie auch nicht.

Plötzlich stand sie vor mir,

ohne Voranmeldung.

Es funkte ganz heftig.

Nun tue ich Dinge,

die ich vorher nie zu tun gewagt hätte,

ich gehe Wege,

die mir vorher unbekannt waren,

ich empfinde Sehnsüchte,

von denen ich nicht einmal geträumt habe.

Mein Herz steht in Flammen.

Nie hätte ich geglaubt,

daß die große Liebe

einen Menschen so umkrempeln kann.

Verantworten

Wir müssen nicht nur hören,

sondern auch sehen,

nicht nur reden,

sondern auch anpacken,

nicht nur antworten,

sondern auch verantworten,

denn gerade dort liegt das Problem.

Nach damals

Ich habe solche Sehnsucht nach damals,

als ich Kind war

und in deinen Armen träumte.

Es waren wunderbare Träume,

aber eben nur Träume.

Natur ist stärker

Angst vor Kernenergie
Angst vor Genmanipulation
Angst vor Gewalt etc.
Ich glaube, daß die Natur,
bei aller Unvernunft
und Verantwortungslosigkeit
der Menschen,
am Ende der Sieger bleibt.

Letzte Rose

Gerade noch standest du vor mir,
in deiner ganzen Pracht und Schönheit.
Ein leiser Windhauch
ließ dich vor meinen Augen vergeh'n.
Betroffen halte ich deine Blütenblätter
in meiner Hand, atme noch einmal
deinen betörenden Duft.
Jetzt weiß ich, es wird Winter,
und etwas wird bleiben,
das mich an dich erinnert.

Eine Lebensspanne

Unbeschwert und froh
erlebtest du die Frühlingszeit,
ließest dich gern von romantischen
Träumen verzaubern und
in märchenhafte Gefilde entführen.
Die dunklen Regenwolken am Himmel
sahst du nur durch die rosarote Brille.
Es war deine schönste Zeit.
Ihr folgte ein früher, harter Sommer.
In glühender Hitze wurde viel
und schwer gearbeitet.
Es gab für dich eine Menge Entbehrungen.
Schlimme Trockenperioden machten
zahllose Anstrengungen zunichte.
Es gab aber auch milde Sommerregen
und manche duftenden Blumen.
Doch zur Ernte kamst du nicht.
Den Herbst durchschrittest du
mit Siebenmeilenstiefeln
und wurdest vom Winter überrascht,
als deine Scheunen noch leerstanden.
Es war ein langer, bitterer Winter,
von dem du dich nicht mehr erholen konntest.
Er gab dir einfach keine Chance.
Kälte und Dunkelheit begruben dich.

Auf ein Wort

Dort, wo das Schweigen

zum Himmel schreit,

sollte man nicht

mit Sprachlosigkeit antworten.

Was blieb

Oh ja, ich weiß es noch genau,

jung waren wir,

verliebt waren wir,

mutig, stark und voller Illusionen.

Geblieben ist die Liebe,

die uns heute so zufrieden macht.

Heute

Heute blühte in mir ein Zweig der Hoffnung auf.

Heute, als du mir sagtest, wie sehr du mich brauchst.

Heute kehrte für mich der Frühling noch einmal zurück.

Verliebt

Heute könnte ich Bäume ausreißen,

Häuser versetzen,

Regenwürmer küssen

und tanzen, tanzen, tanzen.

Kann es sein, daß ich verliebt bin?

Maiennacht

Süße Maiennacht,

alles schlummert schon,

nur deine betörenden Düfte

erfüllen die Luft der sinkenden Nacht.

Eine exquisite Mischung,

schwer und süß

und verlockend.

Ich atme, atme,

fühle mich leicht, frei, schwerelos.

Schwebe im Rausch der Düfte.

Verloren

Der Glaube an die Liebe
ging verloren.
Schein und Blendwerk war sie.
Wirklich auf die Probe gestellt,
versank sie in verletzendes Schweigen.

Die Schreie der gequälten Seele
verhallen ungehört
im Vakuum der Realität.

Gebranntes Kind

Ich würde so gern
deinen Worten glauben,
doch wenn ihnen
keine Taten folgen,
fühle ich mich
kaum angesprochen.

Fast noch ein Kind

Sie, fast noch ein Kind,

drückt das kleine Bündel Mensch so fest an sich,

als wollte sie es nie wieder loslassen.

Sie würde es so gerne behalten,

aber niemand macht ihr Mut.

Sie schließt die tränengefüllten Augen

und legt das Liebste in fremde,

unbekannte Hände.

Wer ergreift ihre Hände?

Am Anfang war das Wort

Sei nicht stumm,
wo du reden kannst.
Schweige nicht,
wo Worte nötig sind.
Schweiger gibt es schon genug.
Am Anfang war auch das Wort
und nicht das Schweigen.

Sommer 1997

Mit Donner und Getöse
überholen sich am Himmel
die dunklen Wolken,
bilden eine dreifache Wand.
Nur keinen Sonnenstrahl durchlassen,
es könnte ja angenommen werden,
daß wirklich Sommer ist.

Zur Zeit keine Zeit

Sie hätte ihm so gerne
etwas erzählt,
über ihre Gedanken, ihre Gefühle,
ihre Nöte und Freuden.
Er hatte seine Zeit schon verplant.
„Beim nächsten Mal vielleicht,
wenn es dann eine ruhige Stunde gibt,“
meinte er.
Sie nickte stumm,
verbarg ihre Traurigkeit
hinter einem Lächeln.
Es gab lange kein „Nächstes Mal“,
dafür aber dann eine ruhige Stunde.
Es war der Tag ihrer Beerdigung.

Laut mußt du sein

Schreie nur laut genug,

dann findest du auch Anhänger.

Was du ihnen zu sagen hast,

spielt gar keine Rolle,

sie hören eh' nicht zu.

Hauptsache, du bist laut genug.

Sanfter Gegenschlag

Da ist dieser Mensch,
dieser korrupte Intrigant.
Speichelleckend und mit
eingefrorenem Lächeln
taucht er überall an den
Spitzen auf, wird auch
noch hofiert.
Manchmal schäme ich mich
der bösen Gefühle,
die dann mein Herz beschleichen,
und erkenne dabei,
daß ich diesem Menschen
am besten mit einem Lächeln
die Zähne zeigen kann.

Alles hat zwei Seiten

Das vielleicht einzig Gute
an der Einsamkeit ist,
daß es niemanden gibt,
der dich verdrießen kann.
Das Gemeine an ihr ist jedoch,
daß es auch niemanden gibt,
den du piesacken kannst.

Dieses Kind

Mach dir einen Plan!

Arbeite nach Plan!

Plane deinen Urlaub, deine Freizeit.........

Es wurde eingeplant, durchgeplant, verplant.

Alles lief bestens, genau nach Plan.

Dann kamst du,

der „Außerplanmäßige",

vollkommen ungeplant,

konntest auch nirgenwo

mehr eingeplant werden.

Du durchquertest planlos

alle Pläne und machtest

mit deiner Planlosigkeit

das Leben erst lebenswert.

Diese Rose

In deinen Armen fühlte ich mich
wie in einer Rosenblüte eingebettet.
Jedes Blatt eine sanfte Berührung,
jeder Hauch ein betörender Duft.
Als unsere Lippen sich lösten,
wußte ich, ohne diese Rose
kann nicht mehr leben.

Damals

nahmst du meine Hand,
und ich folgte dir.
Ich legte meine Kinderschuhe ab
und verließ meine kleine, heile Welt.
Wir setzten uns ein Ziel,
zogen grobe Wanderstiefel an
und machten große Sprünge.
Gemeinsam bezwangen wir
alle Hindernisse und kamen an,
mit zerschundenen Füßen
und blutigen Kien,
aber wir kamen an.
Heute träume ich oft
von der Zeit in Kinderschuhen.

Später ist man klüger

„Glück gehabt,

Pech gehabt",

was will das schon heißen?

Manchmal ist das vermeintliche Pech

gerade das große Glück.

Schlimme Tage

Es gibt Tage,

da schauen unsere Blicke

in entgegengesetzte Richtungen,

da haben unsere Worte

unterschiedliche Bedeutungen,

da hören unsere Ohren

verschiedene Musik.

An solchen Tagen

sollten wenigsten unsere Nasen

einen gemeinsamen Duft erschnuppern,

der uns wieder auf die richtige Fährte bringt.

Abgehoben

Es ist besser, sich vom Duft

einer Rose betören zu lassen,

selbst auf die Gefahr hin,

daß man sich sticht,

als auf einer Eisscholle zu hocken

und sich nicht einmal an den Anblick

einer Rose erinnern zu können.

Liebe

Ein Leben mit dir

- schon immer -

- noch immer -

- für immer -

Wenn das keine Liebe ist !

Zufriedenheit

Solange du dich noch
an der Blüte eines Veilchens
erfreuen kannst,
solange wohnt in dir
noch Zufriedenheit
und Begeisterung.

Immer mehr

Ich liebe dich noch immer,
nein, immer mehr.
Selbst im Herbst kann es
noch Frühlingstage geben.

Demut

- noch nie davon gehört?

Möglich - man begegnet ihr kaum noch.

Doch wo sie geübt wird,

schmilzt das Eis,

sind die Tage heller,

die Blumen bunter,

sprießen Zweige der Hoffnung.

Warnung der Rose

Komm mir nicht zu nahe,
bescheide dich.
So mancher schon mußte
den Kuß einer Rose
hinterher teuer bezahlen.

Roter Mohn

Mein roter Mohn, wie bist du schön,

du Elfe unter den Blumen.

Deine Blütenblätter sind so zart, wie ein Hauch

und doch so prall mit Liebe gefüllt, als

hätte sich ein ganzes Herz in dir ausgeblutet.

Alle meine Sehnsucht, meinen Schmerz, meine Liebe

vereinigst du in dir.

Wiege noch lange dein Köpfchen im Sommerwind,

mein roter Mohn.

Eigentlich sollte es Sommer sein

Der Himmel grau in grau.
Aus dicken Pullovern schauen
gequält mißmutige Gesichter.
Fuchtelnde Regenschirme versuchen sich
im Drachenfliegen.
Schon seit Wochen könnten
die tobenden Sturmböen
dem Herbst alle Ehre machen.
Die Sehnsucht nach Sonne und Wärme
scheint unerträglich zu werden.
Eigentlich sollte es Sommer sein.
Dann schiebst du ganz unerwartet deine
dicken Wolkengardinen zur Seite
und betrittst in königlicher Pracht die Bühne.
"Die Sonne !!"
Alles atmet auf, bejubelt dich
und streckt sich dir entgegen.
Niemand möchte dich verpassen.
Selbst der Himmel würdigt deinen Auftritt
und dankt dir mit einem strahlenden Regenbogen.
Doch deine Vorstellung ist nur kurz.
Trotzig ziehst du deinen Vorhang zu
und läßt es abermals regnen.
Du hast dein Publikum wieder einmal
bitter enttäuscht,
aber du kannst es dir ja leisten.

Narben

Narben im Gesicht machen häßlich.

Narben an Herz und Seele machen krank.

Könnten wir nicht etwas gesünder miteinander umgehen?

Neid

Schau nicht gierig auf
den Teller deines Bruders,
wenn du selbst gerade noch satt
geworden bist.
Weißt du, ob dir seine Speise
überhaupt bekommen würde?

Spieglein an der Wand

Das vertraute Gesicht,

wie ist es mir fremd geworden.

Die Augen so traurig und müde.

Tief eingegraben, auf eingefallenen Wangen,

die Spuren trostloser Vergangenheit.

Ungläubig tastet der Finger

über schweigende Lippen.

Habe ich wirklich so lange nicht mehr

kritisch in den Spiegel geschaut?

Versteh'n

Da stehen wir und schau'n uns an,

hier am vertrauten Orte.

Schweigend nimmst du meine Hand;

" Versteh`n " braucht keine Worte.

So eine Liebe gibt's nur einmal

So eine Liebe gibt's nur einmal,
die schwindelnd dich berauscht, beglückt,
die dich betäubt wie eine Droge,
die dich in ferne Welten rückt.

So eine Liebe gibt's nur einmal,
so heftig und unendlich groß.
Sie läßt das Herz in dir erbeben
und läßt dich niemals wieder los.

So eine Liebe gibt's nur einmal,
und war die Zeit auch schnell vorbei,
du wirst ein Leben davon träumen,
wie einen Sommer lang vom Mai.

So eine Liebe gibt's nur einmal,
erfüllt dich noch bis in den Tod.
Du siehst vor dir noch stets die Sonne,
schaust du ins ferne Abendrot.

Noch einmal

Noch einmal mit dir
auf nackten Füßen über nebelfeuchte
Maiwiesen tanzen,
Morgenstille atmen,
dem allmählichen Erwachen
der ersten Vögel lauschen
und Tauperlen aus schlaftrunkenen
Blüten schlürfen.
Noch einmal mit dir....,
bis die ersten Sonnenstrahlen
unseren Traum vertreiben.

Übereifer

Ach, Wind,

hattest mal wieder „Großreinemachen"

auf dem Programm.

Alle Ecken säuberlich ausgefegt.

Nur das Zähe und Klebrige

wolltest du der Waschfrau „Regen" überlassen.

Die hast du jedoch mit deiner Arbeitswut vertrieben.

Sie hat kurzerhand ihren Dienst abgesagt.

Glück

Glück kannst du nicht pachten.

Ist es dir gerade hold,

atme tief durch und genieße.

Es kann mitunter lange dauern,

bis es mal wieder

bei dir vorbeischaut.

Alles zu seine Zeit

Wo der Traurigkeit
kein Raum geboten wird,
kann auch die Freude
sich nicht niederlassen.

Vermißt

Du fragst mich,

wo mein herzhaftes Lachen geblieben ist.

Ach, wüßte ich es nur,

es steht schon so lange

auf meiner Vermißtenliste.

Freude

Freude, die ich glaubt verloren,
ist mir neu ins Herz gelegt;
Freude in mir neu geboren,
die mein ganzes Sein bewegt.

Wie konnt'ich ohne Freude leben ?
Hab ich sie nicht in mir vermißt?
Wie wollt ich Liebe weitergeben,
wenn alles ohne Freude ist ?

Müh'und Sorgen schnitten Wunden
schmerzhaft mir ins Herz hinein.
Innerlich total zerschunden,
wünscht' ich mir oft nur den Schrein.

Plötzlich kam die Freude wieder.
Sonne scheint, wo Nebel war.
Leicht die müden Augenlider
und der Blick ist frisch und klar.

Jetzt lern' ich nochmal neu zu leben,
begegne dir mit frischer Kraft.
Laß meine Traurigkeit hinschweben,
erlebe, was die Freude schafft.

Nun schließ mich in die Arme fest
und sag kein Wort, schau mich nur an.
Ich spüre, wie der Schmerz nachläßt
und ich alleine laufen kann.

Meine Tränen sind geflossen,
ich hab sie nicht umsonst geweint.
Reife ist in mir gesprossen
und hat mich mit der Freud vereint.

Ich werd' die Liebe weitergeben,
die neugeschenkte Freud' und Kraft.
Und mit des Höchsten Gnad' und Segen,
ist alles Leid dahingerafft.

Zu früh

Wir wissen um deine schwere Krankheit,

wissen, daß es keine Heilung gibt.

Beten heute um ein Wunder,

morgen um Erlösung.

Haben monatelang mit dir zusammen

gekämpft und gerungen,

gehofft und geweint.

Glauben nun gut vorbereitet zu sein,

wenn sich das Schlimmste ereignet.

Tritt dann die Endgültigkeit ein,

kommt sie trotzdem viel zu früh.

Spuren

Eine rote Hundeleine
mit passendem Halsband,
ein wenig abgenutzt
und so vertraut.
Sie gehörte Akki, dem Dackel
mit den treuesten Augen,
die es je gab.

Akki verabschiedete sich ganz
still und leise von dieser Welt,
aber er hinterließ Spuren,
unauslöschliche Spuren,
Spuren im Herzen.

Greueltaten

Schau in die Augen

dieser geschändeten Kinder.

Schau hinein!

Diese Trauer, diese Hoffnungslosigkeit.

Vorbei das Leuchten der Jugend.

Zarte, gerade aufgeblühte Blumen gebrochen,

für immer verloren.

Was sind das für Greueltaten,

die die Liebe so bitterlich

weinen lassen?

Hier müssen Wut und Zorn

alle Grenzen sprengen.

Wind

Wind, du trugst sie fort,

die Gedanken,

die schönen und die argen.

Du warst es, der meine Tränen trocknete,

tröstend meine Wangen streichelte

und mir ganz leise eine süße Melodie ins Ohr flüsterte

Komm zurück, Wind!

Wieg' mich in deinen Armen

und summ mir noch einmal dein Lied.

Ich bitte dich, Wind,

komm zurück!

Zu lange

Wenn ich einmal zu lange
den salzigen Geschmack
meiner Tränen auf den Lippen spüre,
male ich mir in Gedanken
einen blauen Sommerhimmel
und fange mir einen Sonnenstrahl,
der bis in die finstersten Ecken
meines Inneren leuchtet.
Plötzlich schmecken meine Lippen
„Sommer."

Zuhause

Du bautest einst für uns ein Haus,
ein warmes Nest für deine Familie.
Buntes Treiben herrschte in dem Heim
und fröhliches Gezwitscher erfüllte den Raum.
Dann wurde es still um dich.
Die Jungen waren ausgeflogen.
In regelmäßigen Abständen kehren sie
immer wieder in's Nest zurück.
Du breitest deine Flügel über sie aus
und pflegst ihre kleinen Wunden.
Gestärkt können sie nun wieder für eine Zeit
den Stürmen des Lebens standhalten.
Zufrieden bleibst du in deinem Nest zurück,
immer darauf bedacht,
daß die Türen auch ganz weit offen sind.

Die abgelaufene Zeit

Der Tod schleicht um das Haus.
Schon seit Tagen rappelt er ans Tor,
so daß die Hunde verwirrt aufjaulen.
Ab und an späht er durch den
offenen Fensterspalt und läßt
seinen kalten Atem durch den Raum wehen.
Will er der Hoffnungslosigkeit,
dem unsagbaren Leid zuschauen
oder noch Zeit schenken
zum Abschiednehmen?
Er kam nicht unvorbereitet,
wurde eigentlich schon erwartet,
doch sein Schleichen, seine Kälte,
sein Schweigen, die Angst vor
seinem Zugriff machen alles
so schrecklich, so unerträglich.
Es wird gebetet,
um Erlösung gebetet,
und dabei alle Kraft gebündelt,
um dem Tod das Leben noch einmal
zu entreißen,
trotz der Gewißheit,
daß er am Ende doch immer
als Sieger von dannen zieht.

Kleiner Spatz

Du kleiner Spatz aus Fleisch und Blut,
geschaffen auch aus Gotte Kraft,
gehörst nicht zu der edlen Brut,
die von Menschen gern begafft.

So mancher gar verachtet dich,
gönnt dir kaum das Leben,
doch würd' er selbst betrachten sich,
dürft's ihn vielleicht nicht geben.

Komm, Spätzlein, fliege her zu mir,
mein Garten steht dir offen.
Daß Menschen sich mal ändern hier,
dürfen beide wir nur hoffen.

Du

Unter dem Blütenzauber der Bäume,

umspielt vom Flair der Frühlingsdüfte,

begegnen sich zwei Augenpaare.

Fesselnde Momente,

klopfende Herzen.

Durchhalten oder abbrechen?

Funken springen über,

zwei Münder formen sich zu einem Lächeln

und hauchen ein zärtliches „Du."

Aus

Das Spiel, das du mit mir spieltest,

habe ich verloren.

Die Steinchen sind unter den Tisch gefallen.

Jetzt gibt es für dich nichts mehr,

womit du mogeln kannst.

Hunger

Solange es Menschen gibt,

hungern sie nach Liebe.

Dabei könnte jeder Mensch dazu beitragen,

diese Hungersnot zu stillen,

wenn er nur wollte.

Arbeitslos

Wieder so ein hoffnungsloser Gang zum Arbeitsamt.

Deprimierendes Warten im langen Flur.

Ganz überraschend ein Stellenangebot.

Bei der Vorstellung Stirnzunzeln:

„Zwei Jahre ohne Praxis sind zu lang!“

Alle Schulungen und Bemühungen für die Katz?

Wie mache ich jetzt meinen Kindern klar,

daß ich nicht mehr brauchbar bin?

Einsam

Kann ein Mensch mitten unter Menschen vereinsamen?

Ja, er kann!!

Wenn alle nur sich und ihre Ziele seh'n,

dann muß der Schwache untergeh'n.

Eiszeit

Es ist höchste Zeit,
es muß etwas geschehen,
die Menschen haben verlernt,
mit dem Herzen zu sehen.

Eine Eiszeit bricht an,
eine Kälte entsteht.
Stoppt ihren Anfang,
sonst ist es zu spät.

Abschied

Lautlos schwebt ein Blatt vom Baum,

ganz allein,

viel zu früh.

Ein Windhauch entführt es meinem Blick.

Es wird irgendwann ein neues Blatt geben,

doch kann es nie wieder so sein wie du.

Eine kleine Träne

Da gibt's eine kleine Träne,
die ist auf dem Weg zu dir,
und diese kleine Träne ist
ein zärtlicher Gruß von mir.

Sie wurde aus Glück geboren
und trägt einen Hauch von Schmerz,
sobald sie dich gefunden hat,
liebkost sie dein wundes Herz.

Ich wünsche ihr gute Reise
und daß sie dich bald erreicht,
bevor das große Heimweh
dein treues Herz beschleicht.

Erinnerung an 1942

Wie gerne wäre ich jetzt bei dir,
mein kleines Töchterlein!
Die Trommel ruft, der Urlaub aus,
jetzt muß ich zieh'n ins Feld hinaus.
Ade, mein Töchterlein.

Wie gerne wäre ich jetzt bei dir,
mein kleines Töchterlein !
Du bist so jung, verstehst das nicht,
hast eine Träne im Gesicht,
für mich, mein Töchterlein.

Wie gerne wäre ich jetzt bei dir,
mein kleines Töchterlein !
Denk ich in banger, kalter Nacht,
im fremden Land auf stiller Wacht,
an dich, mein Töchterlein.

Wie gerne wäre ich jetzt bei dir,
mein kleines Töchterlein !
Bestimmt blüht auch für uns das Glück,
kehr' ich nach Hause dann zurück,
zu dir, mein Töchterlein.

Wie gerne wäre ich jetzt bei dir,
mein kleines Töchterlein !
Das ist mein Wunsch in schwerer Stund',
wenn ich doch sterb' auf Feindes Grund,
sei stark, mein Töchterlein.

Gewalt

Gewalt, immer wieder Gewalt,

seit Menschengedenken --- Gewalt.

Ich verabscheue sie.

Sie raubt mir die Luft zum Atmen.

Durch Gewalt wurde mir einst das Liebste genommen.

Die Lücke hat sich nie geschlossen.

Es gibt nichts mehr zum Festhalten, zum Anlehnen, zum

Erinnern,

nicht einmal einen Grabstein.

Krieg

Vater, du verließest mich,
ich konnte gerad' erst steh'n.
Das Vaterland, es brauchte dich ----,
es gab kein Wiederseh'n.

Wie gerne hätte ich mit dir
einmal geweint, gelacht,
hätt' froh erlebt, wenn du mit mir
den ersten Schritt gemacht.

Ich kenne deine Stimme nicht
und sehn' mich so nach ihr.
Die unerfüllte Sehnsucht
verklingt wohl nie in mir.

Nie durfte ich erfahren
das Streicheln deiner Hand.
Du opfertest dein Leben
und starbst im fremden Land.

Warum begreift die Menschheit nicht,
daß Krieg nur Wahnsinn ist?
Zurück bleiben Not und Traurigkeit,
Leid, das man nie vergißt.

Zukunft

Es waren Menschen, die schrien:

„Wir wollen Macht!

Wir wollen herrschen!

Wir wollen den totalen Krieg !",

und der große Massenmord begann.

Es waren wieder Menschen,

ausgeblutete, gebeutelte Menschen,

die jammerten: „Schluß, Schluß, macht Frieden,

macht dem Leid ein Ende!",

und sie fingen an, auf blutgetränkten Feldern

und unzähligen Gräbern, aus Schutt und Asche

eine Zukunft aufzubauen.

Eine Zukunft, die ständig die Angst in sich birgt,

daß wieder Menschen kommen, die nach

Macht und Vernichtung schreien.

Und siehe da, die einzige Veränderung in dieser Zukunft

ist die Wiederholung der Vergangenheit.

Irgendwann

Irgendwann konnte ich zum Unrecht nicht mehr schweigen

Irgendwann mischte ich mich ein

Irgendwann stand ich ganz alleine da

Ich war unbequem geworden

Neuentdeckung

Wie habe ich die zarten
Silberfäden der Spinnenweben
im gleißenden Sonnenlicht bewundert,
war gerade fasziniert davon.
Jetzt entdecke ich so etwas
in meinen Haaren,
auch glitzernd und zart.
Diese Silberfäden beeindrucken
mich überhaupt nicht.

Trösten

Wirklich trösten kann nur,

wer selbst durch Leid gebeugt wurde.

Erschöpfung

Umfange mich, Nacht,

mit den Flügeln deiner Dunkelheit.

Hülle mich ein in die

Schleier des Vergessens.

Tränke mein Herz

mit erquickendem Schlaf

und vertreibe die bösen Träume,

die mich erwürgen.

Und dann,

wenn du deine Schleier löst,

gib mich zurück

an das Licht des goldenen Morgens.

Depression

Das Blau des Himmels strahlt nicht mehr,
Sonnenlicht verblaßt,
Sommerlaub trägt schwere Trauer
und modernd siecht das Gras.

Vor müden, tränenfeuchten Augen,
die keinen Ausweg seh'n,
tun sich stumm die dunk'len Gräber auf
und laden gähnend ein zur ewigen Ruh'.

Vergebens

Aus meiner Verzweiflung,
meiner Dunkelheit
strecke ich dir flehend meine Hand entgegen,
taste nach einem Lichtstrahl,
und greife ins Leere.

Meine stummen Schreie verhallen
im Rauch der Gleichgültigkeit.
Das letzte Glimmen des Dochtes
wird erstickt vom Dunst
eingefrorener Gefühle.

Trauer

Ein Menschenleben ausgehaucht,
schon neigt sich Gras am Hügel.
Was unüberwindbar schien,
es deucht geschafft.

Doch was wirklich in einem
gebrochenen Herzen nagt,
bleibt dem Blick der Welt verborgen.

Gib's auf

Gib's auf, der Welt dein Leid zu klagen,

sie hört dich nicht, will deine Tränen auch nicht seh'n.

Kummer kannst du nur dem Freunde sagen,

er trägt mit dir und wird dich stets versteh'n.

Zu spät

Hast meine Kindheit eingefangen,
du altes und geliebtes Haus.
Ich bin einfach fortgegangen,
hielt's irgendwann mal nicht mehr aus.

Die große Welt stand mir nun offen,
hab viel erlebt und viel geschaut;
doch nichts, was ich hier angetroffen,
war mir so wie du vertraut.

Als ich dann nach vielen Jahren
kehrte heim, zu dir zurück,
mußte bitter ich erfahren,
zerbrochen war mein Traum, mein Glück.

Nichts mehr war von dir erhalten,
keine Mauer, keine Wand;
und auch niemand von den Alten
bot mir noch zum Gruß die Hand.

Wo sind sie alle nur geblieben,
die lieben, guten Menschen mein?
Ich fühl' mich einsam und vertrieben,
kann niemals mehr zu Hause sein.

Nur eine Frau

Gott, Du erschufst die Menschen nach
Deinem Ebenbild.
Als Mann und Frau erschufst Du sie,
nach Deinem Ebenbild.
Du vereinigst beide in Dir, Mann und Frau.
Wie können da einige Männer glauben,
sie stünden Dir näher als eine Frau?

Wolken

Sieh, die Wolken!

Kleine, weiße Flocken

oder große, dunkle Gebilde.

Willenlos werden sie von den Launen des Windes

vorangetrieben, zerfetzt oder unheilsvoll zusammengeballt.

Für den Beobachter oft ein Phantasiespiel

oder eine Träumerei.

Wir dagegen haben einen eigenen Willen.

Können unseren Weg selbst bestimmen

und, wenn nötig, jeden Tag umkehren.

Frieden

Bevor du dich um den Frieden
der großen Welt bemühst,
versuche zuerst einmal
deine kleine Welt in Ordnung zu bringen.
Das ist oft eine Lebensaufgabe.

Nur ein Knopf

Wen du der Knopf bist,

der die ganze Hose halten muß,

trägst du eine große Verantwortung.

Du bleibst aber letztendlich

immer nur ein Knopf.

Ziel

Ein Ziel zu erreichen ist sehr viel.

Mehr noch ist, man hat ein Ziel.

Letzte Rose

Des Sommers letzte Rose
im kleinen Garten stand,
als ihre große Liebe
einst die Erfüllung fand.

Die Liebe war gestohlen,
drum konnt' sie nicht besteh'n.
Nur eine Rosenblüte lang,
dann mußte sie vergeh'n.

Was blieb, war die Erinnerung,
ein Duft, der nie verweht,
selbst wenn die letzte Rose
nicht mehr im Garten steht.

Gutsein

Du paßt nicht in diese Welt!

Du bist einfach zu gut!

Ist Gutsein schlecht?

Wie wirst du mir begegnen ?

Von Angst und Not getrieben,
floh ich heut' in dein Land.
Wie wirst du mir begegnen,
reichst du mir deine Hand ?

Man sagte mir, daß Fremde
bei dir nicht gern geseh'n.
Ich kam doch nicht aus Freude,
das mußt du doch versteh'n.

Nur um zu überleben,
ließ Liebstes ich zurück,
mit Hoffnung auf die Heimkehr,
mit Glauben an ein Glück.

Vielleicht mußt du mal gehen
ein Stück in meinen Schuh'n,
dann kannst du mich begreifen
und ich dir Gutes tun.

Wir sind doch beide Menschen,
uns trennt Verschiedenheit,
wenn wir uns respektieren,
ist Frieden nicht mehr weit.

Fremder

Reich mir deine Hand, du Fremder
ich zeige dir mein Heimatland.
Gemeinsam woll'n wir Wege gehen,
die dir noch fremd und unbekannt.

Alle Blumen, die hier blühen,
sollen blühen auch für dich;
und der Segen dieser Erde
reicht bestimmt für dich und mich.

Meine Heimat - deine Fremde
kann dir kein "Zuhause" sein.
Doch niemals sollst du sagen müssen:
"Sie reichten mir statt Brot den Stein."

Narben

Das Leben schlug dir harte Wunden,

sie sind vernarbt.

Wenn ich deine Narben berühre,

spüre ich, daß sie noch schmerzen.

Es wird eine Zeit dauern,

bis sie nur Erinnerung sind

Warum

Ohne Ziel und ausweglos
erscheint mir jetzt mein Leben.
Die Schatten werden übergroß,
nichts kann mir Hoffnung geben.

Alle die Gefühle mein
sind in mir wie eingesperrt.
Nichts geht raus und nichts herein,
alle Bilder sind verzerrt.

Vor mir tiefste Dunkelheit,
kein Sonnenstrahl, der scheint.
Find' nirgendwo Geborgenheit,
kein Herz, das mit mir weint.

Still falt' ich meine Hände,
mein Mund bleibt leer und stumm.
Vielleicht gibst Du am Ende
die Antwort auf: "Warum?"

Sinn des Lebens

Du fragst mich nach dem Sinn des Lebens;
ich schau' dich lange an, mein Sohn.
Gäbe es nicht dich in meinem Leben,
längst hätt' ich das gefragt auch schon.

Blüte

Die höchste Blüte des Menschen ist die Liebe.
Arm ist, der nicht einmal den Knospenstand
erreicht.

Sprachlos

Was willst du dem Menschen sagen,

der neben dir verstummte in seinem Schmerz,

dessen Antlitz zur Maske erstarrte,

dessen Augen nur noch durch dich hindurchschauen,

dessen Ohren von deinen Worten nicht mehr erreicht werden

?

Was willst du ihm noch sagen?

Sein Kind

Du strahlend schöne Sonne,
hast hell erleuchtet jeden Tag.
Bist immer dagewesen,
solang man denken mag.

Du Wasser, Quell des Lebens,
in dir der Ursprung liegt,
hast alles schon gesehen,
hast alles sanft gewiegt.

Du gute Mutter Erde,
gabst Nahrung Mensch und Tier.
Du wirst sie auch noch schenken,
wenn ich längst ruh' in dir.

Oh, ihr geliebten Bäume,
ward da, bevor ich bin erwacht.
Euch wird es auch noch geben,
wenn mich umgibt die dunk'le Nacht.

Wie winzig und vergänglich,
wie Staub im Sommerwind,
bin ich als Mensch auf Erden,
doch weiß ich ein's, ich bin SEIN Kind.

Da ist ein Baum.

Ein schöner, kräftiger Baum.
Nicht mehr ganz jung,
etwas knorrig schon.
Seit vielen Jahren steht er,
ein wenig abseits, an seinem Platz
und behütet stolz sein Fleckchen Erde.
Unter seinen mächtigen Wurzeln
bewahrt er viele ihm anvertaute Geheimnisse.
Seine Abseitsstellung ermöglichte ihm eine freie Entfaltung
und ließ ihn groß und stark werden,
aber auch sehr sensibel.
Selbst der kleinste Windhauch
läßt seine Blätter leise erbeben.
Inzwischen gesellten sich ein paar kleine Bäumchen zu ihm.
Schützend breitet der Baum seine mächtige Krone über sie
aus.
Manchmal stecken sie ihre Köpfe zusammen
oder streicheln sich sanft mit ihren Zweigen.
Natürlich fügten die Lebensstürme dem Baum kleine und
größere Wunden zu.
Er steckte sie schweigend weg
und ließ sie geduldig vernarben.

Aber wenn einmal Blitz oder Sturm einem jungen
Bäumchen
einen Ast zerfetzten, schmerzte es des großen Baumes Mark.
Liebend gern würde er einen seiner mächtigen Äste
an seiner Statt opfern.
Ungezählte Male riß ihm der Herbststurm
rücksichtslos das Kleid vom Leibe.
Nie wurde der Baum müde,
sich immer wieder ein neues Gewand zu weben.
Keine Unbilden der Witterung haben den Baum je beugen
können,
wenn seine Äste auch oft herzzerreißend knarrten.
Viele gute und schlechte Lebenserfahrungen
haben ihn klug und weise gemacht.
Oft kann man beobachten,
wie er den jungen Sprößlingen seine Erkenntnisse zuraunt,
und sie werden ganz still und lauschen.
Möge dieser Baum noch lange
seine Kraft und seinen Lebenswillen behalten,
die Sonne ihn noch oft mit ihren Küssen verwöhnen
und der Regen ihm regelmäßig
den Staub vom Kleide waschen.

Herbst

Im Herbst beginnt zu sterben,
was Frühling einst gebar.
Der letzten Rose Werben
kommt meinem Herz nicht nah.

Der Morgengruß der Lerche
ist längst Vergangenheit.
Was Schwalben mir gesungen,
liegt schon unendlich weit.

Mein Herz ist voller Wehmut,
voll Traurigkeit mein Sinn.
Ich geb' mich ganz der Sehnsucht,
dem langen Sterben hin.

Die Nebelschwaden hüllen
mich in ein Totenkleid.
Die Seele kann entschwinden,
entflieh'n dem Erdenleid.

Die Hände meiner Mutter

Jetzt ruhen sie häufig in deinem Schoß, deine Hände.
Sie sind müde geworden.

Du hast sie nie geschont, deine Hände.
Schon früh mußten sie sich an harte Arbeit gewöhnen.

Oft zerrissen und geschunden, blieben sie zart und weich.

Du brauchtest sie nie zu verbergen, sie waren immer schön.

Nie waren sie mit Schmuck behangen, deine Hände.
Sie ziert nur ein schlichter Goldreif, der dich mit dem
geliebten Mann noch über den Tod hinaus verbindet.

Sie haben mich gestreichelt und liebkost.
Auch heute tut es noch gut, wenn sie mich sanft berühren.

Viel haben sie gebetet, deine Hände.
War dein Mund oft stumm vor Leid,
trugen sie dein Gebet zum Himmel.

Wieviel Segen haben sie gespendet,
so mancher ist dir dafür noch heute dankbar.

Manchmal waren sie einsam, deine Hände.
Sie sehnten sich nach der starken Hand,
die sie führen und leiten konnte.

Was haben sie alles vollbracht,
Man merkt es ihnen gar nicht an.
Sie sehen so aus, als hätten sie ein ganzes Leben lang
nur gestreichelt, deine Hände.

Erste Liebe

Kein Mensch kann je begreifen,
wie in dem Herzen brennt
die heimlich große Liebe,
die noch kein zweiter kennt.

Wenn Blicke sich begegnen,
die Hand sich zitternd rührt,
die Wangen heiß erröten,
aus Angst, daß man es spürt.

Wie läßt sich unterdrücken,
was in dem Herzen brennt ?
Wie bändigen das Entzücken,
das "Liebe" sich wohl nennt ?

Wie läßt es sich vermeiden,
daß die Saiten sich berühr'n
und sich ganz leis vereinen
zu zarten Melodien ?

Die stärkste Liebe sieget,
man spürt es dann im Nu,
wenn sie Erfüllung findet,
Vereinigung im Du.

Lebensherbst

Ein Pärchen im greisen Alter
sitzt verträumt an einem Hang.
Er streichelt ihre welken Hände,
die treu geschafft ein Leben lang.

Sie ist für ihn ein Edelstein,
eine Kostbarkeit, die nie vergeht;
er für sie ein Felsgestein,
das allen Stürmen widersteht.

Es herbstelt schon, und matte Strahlen
schimmern durch das bunte Laub.
Lange Schatten Bilder malen
auf der Wege dunklem Staub.

Taumelnd schweben müde Blätter
den beiden Alten vor den Fuß.
Übermüt'ge Frühlingsträume
winken jetzt zum Abschiedsgruß.

Weltentrückt in fremde Sphären,
ahnt jeder, was der andre denkt,
hoffend, daß nicht er es wäre,
der als letztes Blatt am Baume hängt.

Goldene Abendsonne,

du sendest deine warmen Strahlen auf die müde Erde herab.

Vor dir stehen die Bäume wie schwarze Recken.

Sie können deinen Glanz nicht mildern.

Sanft streichelst du die Erde, bevor sie sich zur Ruhe begibt.

Alles atmet noch einmal auf, saugt sich satt an deiner

Pracht.

Der Teich verwandelt sich in einen goldenen Spiegel.

Er möchte dir zurückgeben, was du schenktest.

Erlebte Wonne des Tages kehrt kurz zurück.

Dann wird es ruhig und still.

Der fröhliche Gesang der Vögel verstummt.

Ein leiser Windhauch läßt die Blätter der Bäume erbeben,

als müßten sie noch ein Schlaflied säuseln.

Lautlos versinkst du hinter den dunklen Bäumen,

du goldene Abendsonne.

Raubritter

Früher eroberten sich die Raubritter ihre
Beute mit dem Schwert.
Die Räuber gibt es heute noch, aber ihre Schwerter
sind unsichtbar geworden.
Man bekommt sie nur noch zu spüren.

Absage

Sprich nicht so schnell ein " Nein ",
wenn " Ja " du könntest sagen.
Wie schnell kann's einmal sein,
daß du's bist, der muß fragen.

Momente

Es gibt Momente, da sind Worte fehl am Platz.

Wohl dem, der diese Momente auszukosten weiß.

Leid

Wer barfuß durch die Hölle ging,
kann schwer begreifen, daß man
auf der Erde Schuhe braucht.

Maskerade

Manchmal frage ich mich,

ob die Menschen,

die sich ein Leben lang

hinter einer Maske verbergen,

in der Narrenzeit ihr wahres Gesicht

zeigen, oder ob sie nur die Maske wechseln?

Rückblick

Die übergroße Liebe
einst unser Anfang war.
Als schönsten aller Triebe,
sie uns die Treu gebar.
Hinzu wuchs das Vertrauen
und die Geborgenheit,
wenn wir zurück jetzt schauen
in die Vergangenheit.

Mio Amor

In einer lauen Frühlingsnacht
erlagen zwei Herzen der Liebesmacht.
„ Mio Amore, Mio Amor",
flüstert die Biene der Raupe ins Ohr.

Ja, küß' mich nur, du kesse Biene
und summ' ein Lied zur Mandoline,
dann schenk ich dir, was ich empfing
und werd' für dich ein Schmetterling.

Wir könnten wie Verliebte plauschen,
am Blütennektar uns berauschen,
uns lustvoll in die Lüfte schwingen
und froh das Lied des Sommers singen.

Gern würd' ich dich küssen, mein Augenstern,
doch hab' ich dich auch als Falter noch gern?

Dein Haarkleid paßt so gut zu meinem,
bin ganz verrückt nach deinen Beinen,
aber dich als Schmetterlinmg,
ist, glaube ich, nicht ganz mein Ding.

Und die Moral von der Geschicht:
„Was du nicht kennst, das küsse nicht."

Im nächsten Jahr, wenn der Kuckuck schreit....

Es war Frühling, und der Kuckuck schrie aus voller Brust.

Oh, wie liebte sie den Frühling, die wunderbare Natur.

Jede Blüte am Wegrand war ihr bekannt,

und jede Vogelstimme wußte sie einzuordnen.

Sie konnte sich nicht sattsehen

an den vielen Wunderwerken, die von der Natur

hervorgebracht wurden.

Alles hatte für sie eine Daseinsberechtigung,

das Wort Unkraut war ihr fremd.

„Eine neue Auferstehung", nannte sie den Frühling.......

Es überfiel sie eine schwere Krankheit.

Nur eine große Operation konnte sie retten.

Sie tröstete sich indem sie sagte: " Im nächsten Jahr, wenn
der

Kuckuck schreit, ist das Schlimmste schon überstanden."

So war es dann auch,

als der Kuckuck schrie, war alles Schlimme überstanden,

nur sie konnte ihn nicht mehr hören.

Verstand

Im Eichenbaum am Waldesrand
berieten sich die Raben,
was es auf sich hat mit dem Verstand,
den nur die Menschen haben.

Ob wohl damit gemeint sein kann,
daß Menschen gerne richten
und ihren Nachbarn nebenan
statt zu lieben, eh'r vernichten ?

Daß sie mögen gern allwissend sein,
entscheiden über Tod und Leben;.
lassen gelten nur für sich allein,
was allem Leben ist gegeben ?

Daß sie zum Atmen ihre Luft
sich schonungslos verpesten ?
Sie gern den allergrößten Schuft
sich an die Spitze setzen ?

Daß sie ganz kalt und rücksichtslos
ihre Brut nicht lassen leben.?
Sie machtbesessen, skrupellos
nach immer Höherem streben ?

Wenn's das ist, was den Mensch darstellt,
können wir uns glücklich nennen.
Wir werden hier in dieser Welt
des Daseins Würde stets erkennen.

Der große Kuchen

Da steht er noch,

der große Kuchen,

um den alle herumschleichen

und überlegen, wie sie sich

am besten ein mächtiges Stück

davon abschneiden können.

Endlich setzt einer das

scharfe Messer an und---,

oh je, der Kuchen ist hohl!

Hatte ihn doch vor dem Fest

ein ganz Schlauer schon ausgehöhlt.

Damals,

als mein Leben noch in den
Kinderschuhen steckte,
in der sogenannten „schlechten Zeit",
waren die Menschen zufrieden,
und es geschahen täglich
kleine Wunder.
Heute, in der guten, satten Zeit,
sind die Menschen unzufrieden
und mögen nicht mehr
an Wunder glauben.

Die alte Weide

Nein, sie sah auch im Winter nicht
aus, wie eine verschrobenen Alte
mit ungekämmten Haaren.
Selbst in ihrer Nacktheit war sie
bewundernswert schön und so
sanft, die alte Trauerweide
in Nachbars Garten.
Wir liebten uns, hielten oft ein
Pläuschchen und sie umspielte
mich dabei mit ihren langen Ruten.
Im Frühling und Sommer erzählte sie
mit von den vielen Vögeln,
die bei ihr ein Zuhause fanden.
HEUTE STARB SIE.
Sie fiel keiner Axt zum Opfer,
nein, scheibchenweise mußte
sie ihr Leben lassen.
Der Himmel trauerte mit mir
und ließ seinen Tränen freien Lauf.
Bald werde ich an ihrer Statt
eine Klinkermauer betrachten können,
aus echten handgeformten Steinen.

Hoffnung

Wie wäre ein Winter zu ertragen,
ohne Hoffnung auf den Frühling,
wie ein Abschied auszuhalten,
ohne Hoffnung auf ein Wiedersehen?

Nur die Hoffnung,
daß es immer wieder hell wird,
läßt uns die langen, finsteren
Nächte durchstehen.

November

Ein Ahornblatt am Boden lag,
es war wie Blut, so rot,
aus Rauhreif einen Silberkranz,
bezaubernd, selbst im Tod.